Jacqueline Keune Scheunen voll Wind

Jacqueline Keune

Scheunen voll Wind

Gebete und Gedichte

db-verlag

Inhalt

März	9
Gebet eines Flüchtlings	10
Resonanz	12
Gericht	13
Kirche	14
Einmal nur	15
Mirjam von Nazaret	16
Magnifikat	18
Am Grab	19
Für Pepe	20
Du	21
Vor Freude	23
Vom Himmel	25
Gottesdienst I	26
Gottesdienst II	27
Bussakt	28
In der Kirchenbank	29
Hunger	30
Wer?	31
Ein Mensch	32
Nachfolge	33
Gebet Gottes	34
Leben vor dem Tod	35
Mehr!	36
Karfreitag	38
Bekenntnis	40

Sommerpsalm	41
Kleiner Segen I	42
Kleiner Segen II	43
Kleiner Segen III	44
Kleiner Segen IV	45
Zimmer 128, Ost	48
Durchs Feuer	49
Eingeladen	50
Michal	51
Zu Gast	52
Freundinnen	53
Reich	54
Dorothea von Flüe	55
Bilanz	56
Schräge Vögel	58
Jedes Gramm	60
Zur Geburt	61
Kleiner Gott	63
Ein Lied zu loben	64
Weihnachtslied	65
Josefs Schlaflied	66
Nachtgebet	68
Ins Blau hochgeworfen	69
Der dritte Tag	70
Jemand fängt an	71

März

Ich sehe die Zeichen
– keimender Schnee vom
Wehr gekämmte Wasser
die kleine Güte in
Grün

Gebet eines Flüchtlings

Siehst du uns
Erhabener
frierend auf fremder Erde
unter der Plane
die uns vor dem tropfenden Himmel beschützt?
Und hast du gesehen
wie er sich in den Schlaf gezittert hat
mein Sohn
der Entwurzelte?
Manchmal erzähle ich ihm Geschichten gegen die Angst.

Ich bin Said
«der Glückliche»
Unergründlicher.
Auf den Fahrten nach Damaskus habe ich mich
hinter dem Lenkrad meines Lastwagens
wie ein Adler gefühlt.

Spürst du
Mitfühlender
wie es blutet
mein Herz?
Zwei Hände voll zärtlicher Erde –
alles, was uns geblieben ist.

Höre uns
Starker
berge uns unter deinem Flügel
führe uns heim!

Resonanz

wer da bedrängt ist findet
stacheldraht, ein
nein und

muss nicht hoffen

Pfarrhaus

wer da bedrängt ist findet
mauern, ein
dach und

muss nicht beten

Reiner Kunze

Gericht

Lass es nicht die Lügner sein
Gott
die als Letzte lachen
nicht die Blender
nicht die Profiteure
und Selbstverliebten.

Lass sie nicht ungeschoren
die Schlepper
die Schinder
die Seelenschänder –
die Lumpen alle.

Nein!
Lass es nicht das Unrecht sein
Gott
das als Letztes lacht!

Kirche

Wo nur Raum für fromme Bücher
aber kein Platz für arme Hunde
nur erhabene Hymnen
aber keine dreckigen Hände
nur Duft nach Weihrauch
aber kein Geschmack von Leben –
erbarme dich!

Wo bloss unfehlbare Wahrheit
aber keine gefährliche Erinnerung
bloss blutleere Litaneien
aber keine wundgebeteten Seelen
bloss Altäre der Verehrung
aber keine Tische der Liebe –
erbarme dich!

Wo allein Hochwürden
aber keine Geschwister
allein kleinmütige Wünsche
aber keine prophetische Hoffnung
allein Hunger nach Macht
aber kein Durst nach Recht –
erbarme dich!

Einmal nur

Einmal
den Kopf hinhalten
den Mund aufmachen
der Angst gewachsen sein
und mir ein Herz fassen

das Herz eines neuen Himmels
einer neuen Erde

Einmal
nicht Haus, sondern Zelt
nicht rechnen, sondern lieben
nicht man, sondern ich
nicht dann, sondern jetzt

Einmal nur
alles auf eine Karte setzen
die Geschwister an der Hand fassen
und loslaufen!

Mirjam von Nazaret

Die du jung
die du arglos
die du arm warst
kleiner Leute Kind

die du nicht lesen
die du nicht schreiben
aber hören konntest –
den Himmel auf Zehenspitzen

die du
den Leib schon schwer
die Herren zu Fall gesungen
den Segen hinausgepresst
und dich an den Stern geklammert hast
der durch das Loch der Baracke fiel

die du geweint hast
als er ging
ohne Blick zurück
dein Lied zu leben

die du auf der Anhöhe versteinert –
seine Schreie, die sich im Geäst
der Dornen verfingen –
und bis zuletzt bei deinem Kind geblieben bist

dich bitte ich
für meines

Magnifikat

Der schweren Seelen
der schlimmen Träume
der leeren Teller
der vollen Boote
und kleinen Wünsche –
erbarme dich.
Du
der du die Niedrigen
erhöhst.

Der vorgeführten Macht
der schamlosen Gier
der klerikalen Kälte
der gebrüllten Befehle
und gewissenlosen Pläne –
erbarme dich.
Du
der du die Mächtigen
vom Thron stürzt.

Am Grab

Wenn es dich gibt
irgendwo da oben
zwischen kleinem Bär und grossem Wagen
dann schaue liebevoll auf sie
und die Tage ihres Lebens.

Wenn es dich gibt
irgendwo da innen
zwischen Hoffen und Bangen
dann erinnere dich ihres Namens
und schreibe ihn in deine Hand.

Wenn es dich gibt
irgendwo da draussen
zwischen Steinen und Sternen
dann laufe ihr entgegen
und schliesse sie in deine Arme.

Für Pepe

Danke für unseren Freund
dass du ihn uns geschenkt hast.

Segne
was er gewirkt hat.
Bewahre
was er geliebt hat.
Vollende
was er gewollt hat.

Nichts geht verloren.
Jeder Name
eingeschrieben in deine Hand.

Wenn einmal alle Sterne erloschen
und alle Wege weglos geworden sind
wirst du immer noch sein.
Du
Liebe
die bleibt.

Du

Keine Sehnsucht
deinem Himmel zu weit.
Keine Schuld
deiner Huld zu breit.
Kein Fallen
deinen Händen zu tief.

Vor Freude

Den Mond bitten
sich rascher zu drehen und
den Tag über den Horizont ziehen

Drei Extrastriche
an die Wand aus Sehnsucht
und zwei Strümpfe
die nicht zusammenpassen

Den Bus bedrängen
sich zu beeilen
und die Hausnummer
nach vorne beten

Die Viertelstunde früher
bei dir

Vom Himmel

Du schiebst
dein leichtes Bett
an meines

In der Sprache
des Taubblinden
erzählst du mir
vom Himmel

Es regnet
Feuerblüten

Gottesdienst I

Kommt
wir zünden die Lichter der Hoffnung an
wir singen die Lieder der Freiheit mit
wir atmen die Hochzeit der Stille ein
und feiern
dass wir Gemeinschaft sind!

Kommt
wir bringen die Namen der Fremden mit
wir schlagen das Buch der Befreiung auf
wir holen die Netze der Wunder ein
und feiern
dass wir Gemeinschaft sind!

Gottesdienst II

Aus dem Lärm der Tage
falle ich in deine Stille.
Aus dem Sturm der Stunden
bette ich mich in deinen Atem.
Aus der Leere der Silben
rette ich mich in dein Wort.

Bussakt

Zu lang am Pult
und zu kurz
am See gesessen

Zu viel fern
und zu wenig
in deine Augen gesehen

Zu oft Mozart
und zu selten
die Fragen gehört

Zu häufig Öl
und zu spärlich
Sand gewesen

In der Kirchenbank

Du
die kleine Celestina hat ihre Mutter verloren
Pino findet keine Arbeit
und die Wunden schliessen sich nicht

Ich bin müde
und mir ist kalt
Ob dich manchmal auch friert?

Verdorrt hängen die Worte
in den Schwaden des Weihrauchs
Versteinert stehen die Heiligen
und die Wunder –
längst verteilt

Aber
für Celestina und Pino
lege ich die Samen der Sehnsucht
in die hölzernen Furchen der Tränen

Hunger

Wir haben Kinder.
Wir haben Kindeskinder.
Wir sind viele.
Wir sind zahlreich wie die Sterne.
Wir haben Hunger.

Wir haben Krieg –
verbrannt die Erde.
Wir haben überschwemmte Fluren.
Wir haben nichts zu säen.
Wir haben nichts zu ernten.
Auf den Feldern wachsen die Gebete.

Wir haben Scheunen voll Wind.
Wir haben Hütten voll Himmel.
Wir haben Brunnen voll Schweigen.
In den Nächten trommeln die Herzen.
In den Augen keimen die Fragen.

Wir hungern.
Wir harren.
Wir hoffen.

Wer?

Wer hört zu?
Wer fragt nach?
Wer gibt warm
und nimmt in den Arm?

Wer sagt Nein?
Wer teilt Brot?
Wer geht mit
und macht Licht?

Wer hisst die Hoffnung?
Wer schürt das Recht?
Wer birgt die Liebe
und ist Sand im Getriebe?

Ein Mensch

Er habe
obdachlose Sterne
in den Gassen gepflückt
sagt man
und Nackte zuzeiten
als der Herbst daran ging
die Bäume zu entkleiden
in Liebe gehüllt

Er habe
die Namen der Namenlosen
in den Wind geflüstert
hört man
und die Hütten derer
die von Brennholz träumten
mit Nähe geheizt

Und er sei über den Schatten gesprungen
und sich nie zu schade
und heimisch gewesen
wo die Armut sich sammelte

Nachfolge

Wir brauchen welche
die ihre Ängste lassen
die ihre Tische teilen
die ihre Ohren leihen
und sich in den Schlaf beten.

Wir brauchen welche
die alte Haut streicheln
die junges Grün säen
die andre Wege gehen
und mit Engelsflügeln schlagen.

Wir brauchen welche
die Mass halten
die Trauer tragen
die Widerstand wagen
und den Himmel auf die Erde ziehn.

Gebet Gottes

Ich höre eure Gebete.
Ich höre eure Predigten.
Ich höre eure Gewissheiten
die Wahrheiten und Wendungen alle
die ergreifenden.

Ich höre eure Worte
die flammenden
von der Solidarität
die euch nichts kostet
derweil es meine Kinder zerreisst.

Einsam bin ich.
Und schrei.

Leben vor dem Tod

Ich glaube
an das Vergeben nach dem Streit
an das Heimkehren nach der Flucht
an das Grünen nach dem Schnee
an das Ernten nach der Saat
an das Aufstehen nach dem Fall
an das Heilen nach dem Schmerz
an das Anfangen nach dem Ende
an das Leben nach dem Tod
an das Leben vor dem Tod.

Mehr!

Ich glaube
dass du mehr hören willst
als das Surren der Nähmaschine
und das Scheuern des Schwamms
der über die Kacheln fährt.
Ich glaube
dass du auch mein Lachen vernehmen willst
und den Klang der Stimme
die Freundschaft webt.

Ich glaube
dass du mehr sehen willst
als das Tippen der Finger
und das Krümmen des Rückens
der den Einkauf hebt.
Ich glaube
dass du auch meinen Tanz schauen willst
und den aufrechten Gang
der in die Freiheit führt.

Ich glaube
dass du mehr fühlen willst
als das Rechnen der Sorge
und das Kreisen des Kummers
der in die Tiefe zieht.
Ich glaube
dass du auch meinen Herzschlag spüren willst
und den Atem der Hoffnung
der ans Licht hebt.

Karfreitag

Du
Bruder aller Benutzten
Bruder aller Ausgebrannten
Bruder aller Verwirrten
Bruder aller Blossgestellten
Bruder aller Obdachlosen
Bruder aller Hungernden
Bruder aller Gefangenen
Bruder aller Gefolterten
Bruder aller Geflüchteten
Bruder aller Zwangsverheirateten
Bruder aller Kindersoldaten
Bruder aller Krebskranken
Bruder aller Schwermütigen
Bruder aller Einsamen
Bruder aller Verlassenen
Bruder aller Gescheiterten
du
Bruder aller beiseite Geschafften
Bruder aller zur Strecke Gebrachten
Bruder aller aufs Kreuz Gelegten

Schrei, wenn wir verstummen!
Bleib, wenn wir weggeschwemmt werden!
Halt aus, wenn es uns zerreisst!

Bekenntnis

Wir bekennen unsere Geduld
wo die Zeit gedrängt hat.
Wir bekennen unsere Höflichkeit
wo Hinstehen gefragt war.
Wir bekennen unsere Ausflüchte
wo mit uns gerechnet wurde.
Wir bekennen
dass wir Haltung bewahrt haben
wo wir aus der Haut hätten fahren müssen
und dass wir zu verstehen suchten
wo es nichts zu verstehen gab.
Wir bekennen unsere Diskretion
wo wir Klartext reden
und unsere guten Manieren
wo wir auf den Tisch hauen sollten.
Wir bekennen unser Schweigen
wo auf unser Schreien gewartet wird.
Und dass wir unablässig dich bitten
wo die Veränderung in unseren Händen liegt.

Sommerpsalm

Geht und
lobt ihn mit aufgeräumten Seelen
lobt ihn mit entspannten Körpern
lobt ihn mit lachenden Mündern
mit träumendem Herz und fliegendem Haar –
noch und noch!

Geht und
lobt ihn mit gegrillten Fischen
lobt ihn mit gefüllten Gläsern
lobt ihn mit geteilten Tischen
mit verschlungenen Büchern und gestauten Bächen –
noch und noch!

Geht und
lobt ihn mit verregneten Tagen
lobt ihn mit einladenden Briefen
lobt ihn mit beschwingten Wegen
mit Liebesnächten und Lagerfeuern –
noch und noch!

Kleiner Segen I

Alles, was gut ist
alles, was still ist und stark
alles, was wärmt und weitet
was den Leib erfreut
das Herz bezaubert
und die Seele birgt
alles, was die Liebe stärkt und das Recht stützt
komme über und durch uns
in die Welt.

Kleiner Segen II

Gott borge dir Tränen
Gott leihe dir Träume
Gott schenke dir Atem
segne
berge und halte dich
sanft

Kleiner Segen III

In dein Herz einen Stern
der singt.
In deine Liebe einen Atem
der brennt.
In deine Hand einen Traum
der drängt.
In deinen Tag ein Wort
das hält.
In deine Nacht ein Licht
das hofft.

Kleiner Segen IV

Die Ewige segne dich
mit dem Gespür ihrer Hände
mit der Güte ihrer Augen
mit dem Feuer ihres Herzens
mit der Freiheit ihres Geistes
mit dem Geheimnis ihrer Nähe
und der Weite ihres Himmels

Zimmer 128, Ost

In den Griff deiner Ängste –
ich bin da.
In das Gift deiner Gedanken –
ich bin da.
In den Schrei deiner Seele –
ich bin da.
In den Kerker deiner Schmerzen –
ich bin da.
In das Tasten deiner Schritte –
ich bin da.
In die Zweige deiner Sehnsucht –
ich bin da.

Durchs Feuer

Wenn wir durchs Wasser schreiten
lass unsre Hand nicht los.
Wenn sich Dunkel um uns breiten
mach dein Vertrauen in uns gross.
Wenn wir feind einander werden
lass fühlen uns der Anderen Leid.
Wenn Träume in uns sterben
hüll uns in dein Hoffnungskleid.
Wenn wir durchs Feuer gehen
lass uns nicht allein.
Wenn wir nicht weiter sehen
lass uns an deiner Schulter geborgen sein.
Wenn fragende Augen auf uns ruhn
lass uns deine Liebe, deine Gerechtigkeit tun.
Und wenn unser eigner nicht mehr reicht
gib Atem uns von deiner Ewigkeit.

Eingeladen

Wir wissen nicht
wie es werden
was unser Kind einmal erwarten wird.
Wissen nur
zur Freude, zur Fülle eingeladen
ein Kind von Gottes Gnaden.

Wir wissen nicht
wie es werden
wovon unser Kind einmal träumen wird.
Wissen nur
zur Freiheit, zur Gemeinschaft eingeladen
ein Kind von Gottes Gnaden.

Wir wissen nicht
wie es werden
wofür unser Kind einmal leben wird.
Wissen nur
zur Güte, zur Liebe eingeladen
ein Kind von Gottes Gnaden.

Michal

Wir haben uns dich so sehr gewünscht
haben auf dich gewartet
uns auf dich gefreut.
Wir haben uns ausgemalt
wie du sein wirst
wie es sein wird
mit dir
und deinen Namen in die Nacht geflüstert.

Nun zerreisst er unser Herz.

Wir horchen auf den Wind
aber es bleibt still.
Wir machen den Ofen an
aber es bleibt kalt.
Wir stellen ein Licht ins Fenster
aber niemand findet heim.

So, wie wir mit unsrem Kind gespielt hätten
spielst du nun mit ihm.
So, wie wir unser Kind immer lieben werden
liebst du es auf ewig.

Im Fallen noch halten wir uns daran fest.

Zu Gast

Ich freue mich auf dich
Ich knete die Erinnerung in den Teig
Ich mache den Ofen an gegen die Kälte
Ich stelle ein Licht ins Fenster

Wenn du redest
bin ich still
weil ich verstehen will
Und wenn ich rede
hörst du zu

Der Himmel
sitzt mit am Tisch

Freundinnen

Wie schön es war –
ich bin heimgesegelt
auf meinem Rad

Im Pappkarton flüstern die Wünsche
Im Blechtrog leuchten die Zinnien
und in mir atmet
der Dank

Ihr werft mich hoch
Ihr fangt mich auf

Reich

Die Reisen weit
die Ansichten eng.
Die Bildung erheblich
die Erkenntnis gering.
Stark die Mauern
aber die Gemeinschaft?

Die Partys reichlich
die Feste rar.
Die Konten voll
die Augen leer.
Gross die Wünsche
aber die Träume?

Dorothea von Flüe

Wenn sich das Vieh
schwerfällig gelagert
und das Letzte der Kinder
den Schlaf gefunden hatte
wenn jeder Schritt des Dorfes
verhallt und weithin
kein Laut mehr
zu hören war
wenn die müden Hände
endlich im Schoss lagen
und sich am geschnitzten Tierlein
festhielten

habe ich
ins Dunkel gelauscht
und seinen Namen
von Stille zu Stille
getragen

So nah
So fern

Bilanz

Kein Diplom gerahmt
Kein Namensschild getragen
Kaum Wünsche gehabt
Knapp das Meer gesehen
und nie die Hände im Schoss

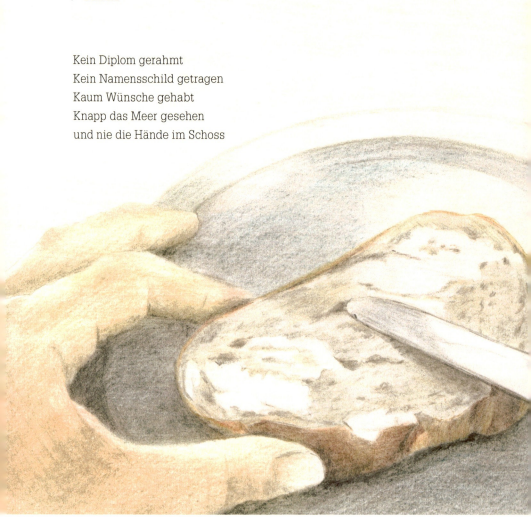

Aber fünf Kinder geboren
einen Mann zu Grabe getragen
und den verkümmerten Himbeerstrauch
wieder zum Blühen gebracht

Dutzende von Knien gesalbt
Hunderte von Broten gestrichen
Tausende von Tränen getrocknet
Morgens in aller Früh raus
und abends mit der müden Hand
über den alten Herd

Den Umständen Gutes abgerungen
und den Flecken Erde
bewohnbar gemacht

Schräge Vögel

Segne
Gott
die schwarzen Schafe
die Bettler und die Verliebten
die Menschen auf ihrer Flucht.
Segne uns alle
dass neu werde
die Erde
ganz neu.

Segne
Gott
die schrägen Vögel
die Kleinen und die Obdachlosen
die Kinder in ihrem Spiel.
Segne uns alle
dass neu werde
die Erde
ganz neu.

Segne
Gott
die bunten Hunde
die Tore und die Habenichtse
die Kranken in ihrer Not.
Segne uns alle
dass neu werde
die Erde
ganz neu.

Jedes Gramm

Wir sehen unsere Tochter
Ewige
eingehüllt in Schlaf
und der Dank rinnt uns
übers Gesicht.

Sieben Pfund Glück –
behüte jedes Gramm.
Amen.

Zur Geburt

Möge heute
ein Armnest dich bergen
ein Stoffhase dich trösten
ein Schlaflied dich wiegen
und Gott dich segnen.

Möge morgen
ein Ort dir Boden unter die Füsse legen
ein Engel auf deinem Gepäckträger mitfahren
eine Schule deine Träume hören
und Gott dich segnen.

Möge übermorgen
Liebe dich treffen
Gemeinschaft dich tragen
Gerechtigkeit dich leiten
und Gott dich segnen.

Kleiner Gott

Ich staune
wie gross
aber mehr noch
wie klein du bist –
ein Bissen Brot
ein Schluck Wasser
ein Türspalt Atem

Ein Lied zu loben

Wie ein Gewand aus Feuer
wie ein Wind, ein Atem aus weitem Raum
wie ein Regen aus Segen
du
die schürft das Recht
die schafft das Leben

Wie ein Funke aus Freiheit
wie ein Wort, ein Psalm aus dunklem Brot
wie ein Namen aus Erbarmen
du
die schürft das Recht
die schafft das Leben

Wie ein Schatten aus Sehnsucht
wie ein Lied, ein Schrei aus wundem Herz
wie ein Gesicht aus Sternenlicht
du
die schürft das Recht
die schafft das Leben

Weihnachtslied

Das Licht, geboren inmitten der Nacht.
Der Messias von Ochs und Esel bewacht.
Er, dem Himmel und Erde gehören,
von Menschenarmen gewiegt.
Ein Kind ist zu sehen.
Wer kann das begreifen,
sagt, wer das verstehen?

Den Kleinen wird das Grosse zuteil.
Eine Krippe trägt der Welten Heil.
Er, der aller Anfang und Ende ist,
teilt die Ohnmacht der Armen.
Zerschmettert liegt ein Thron.
Ein Stern fällt durch ein Dach.
Augen bergen den Sohn.

Ein König, der Gerechtigkeit heisst.
Ein Weg, der das neue Leben uns weist.
Er, der den Ölzweig zum Zeichen wählt,
wird einmal schreien entrindet ins Blau.
Ein Knecht, ein Bruder, ein Traum.
Noch ist alles Beginn.
Ein Ahnen weht durch den Raum.

Josefs Schlaflied

Du, mein Schönstes, mein Liebstes
schlafe ein, mein Kind.
Schliesse deine Äugelein
hier ist es still und warm
draussen geht der Wind.

Noch Himmelsstaub auf deiner Haut
schlafe ein, mein Stern.
Deine Mutter liebe ich sehr
leiht den Stummen ihren Mund
hat die Kleinen gern.

Ich küsse deine Tränen fort
schlafe ein, mein Glück.
Ich gebe dir viel Liebe mit
ich zeige dir die Welt
begleite dich ein Stück.

So viele warten schon auf dich
schlafe ein, mein Herz.
Hast einen weiten Weg vor dir
kennst erst die Güte und
weisst noch nichts vom Schmerz.

Der Himmel hat dich uns geschenkt
schlafe ein, mein Lied.
Wie klein, wie verletzlich du bist
und wie mich eben friert.
Dass Gott dich segnet, dich sieht.

Nachtgebet

Behüte
die Rad fahren
die vergnügt ihre Radios reparieren
die Obdachlose nach dem Weg fragen
die den Kürzeren ziehen
die nicht aushalten
was nicht auszuhalten ist
und im Reiskorn den Himmel sehn

Ins Blau hochgeworfen

In der Früh der Liebe
den Proviant gepackt
und dir einen Stern in die
Hosentasche gesteckt

Ins Blau hochgeworfen
die Bitte

Einer wird uns über
die Schwelle
tragen

Der dritte Tag

Ich lege mich auf die Erde
und höre wie
das Licht
keimt

Die Wurzeln wachsen
in den Himmel

Hinter den Zäunen
wuchert der Widerstand
der Gärten

Im Schatten der Mangobäume
lauscht der verzweigte
Gott

Jemand fängt an

Jemand gibt Acht
Jemand hält Mass
Jemand sagt Halt
Jemand macht Ernst
Jemand spricht Recht –
die Erde singt

Jemand hört hin
Jemand denkt nach
Jemand wägt ab
Jemand steht auf
Jemand fängt an –
der Himmel wächst

Jacqueline Keune, geboren 1961, lebt in Luzern.

Religionspädagogische Ausbildung, Theologiestudium 3. Bildungsweg. Weiterbildung in Themenzentrierter Interaktion und literarischem Schreiben. Mehrjährige Arbeit als Pastoralassistentin, Redaktorin und freiwillig Engagierte. Heute freischaffende Theologin.
2011 hat Jacqueline Keune den «Preis des religiösen Buches» der Vereinigung des katholischen Buchhandels der Schweiz VKB erhalten.

Silvia Hess Jossen, geboren 1958, lebt in Kriens.

Typografin, Steindruckerin und Farbgestalterin HF in der Architektur. In diesen verschiedenen Bereichen gestalterisch und künstlerisch tätig.
www.silviahessjossen.ch

Von Jacqueline Keune sind im db-verlag erschienen:

Als ob das eine das Ganze wär. Erfahrungen. Episoden. Einsichten.
Mit Bildern von Silvia Hess Jossen
db-verlag 2014 (3. Auflage) / ISBN 978-3-905388-14-5

Von Bedenken und Zusagen. Liturgische Texte
db-verlag 2014 (2. Auflage) / ISBN 978-3-905388-16-9

Den Tag entlang. Geschichten und Geschichtetes
Mit Bildern von Gielia Degonda
db-verlag 2011 / ISBN 978-3-905388-29-9

Den Dingen auf den Grund. Gedanken und Geschichten
Mit Zeichnungen von Christian Frehner
db-verlag 2007 / ISBN 978-3-905388-20-6

Bestellungen über den Buchhandel oder bei:
db-verlag, Stirnrütistrasse 37, CH-6048 Horw / Luzern
bestellungen@db-verlag.ch / www.db-verlag.ch

© 2016 Copyright by db-verlag GmbH, Horw / Luzern
Alle Rechte vorgehalten, einschliesslich derjenigen des
auszugsweisen Abdrucks sowie der fotomechanischen
oder elektronischen Wiedergabe.
Luzern: db-verlag, 2016 / ISBN 978-3-905388-47-3
www.db-verlag.ch

Texte: Jacqueline Keune, Luzern
Bilder und Grafik: Silvia Hess Jossen, Kriens
Herausgeber: Benno Bühlmann, Horw
Lektorat: Martina Läubli, Zürich
Druck: Druckerei Odermatt AG, Dallenwil
Buchbinderei: Bubu AG, Mönchaltdorf

Quellennachweise:
Die Texte auf den Seiten 26 und 58 stammen aus «Missa Mai»
Erschienen im Verlag Müller & Schade AG, Bern, 2016

Die Texte auf den Seiten 64, 65 und 66 wurden für das Weihnachtsoratorium «Über geborgtem Land» des Kirchenchores St. Stephan Therwil geschrieben.

Foto Seite 73: Georg Anderhub, Luzern